PARAMAHANSA YOGANANDA
(1893.-1952.)

U SVETIŠTU DUŠE

VODIČ ZA USPJEŠNU MOLITVU

PARAMAHANSA YOGANANDA

O KNJIZI: *U svetištu duše* je zbirka ulomaka iz djela, predavanja i neslužbenih govora Paramahanse Yoganande. Izabrani odlomci izvorno su objavljeni u njegovim knjigama, kao članci u časopisu *Self-Realization* (koji je utemeljio 1925.), u tri antologijska sveska njegovih sabranih govora i eseja te u drugim izdanjima Self-Realization Fellowshipa.

Naslov izvornika na engleskom izdanju
Self-Realization Fellowship, Los Angeles, California:
In the Sanctuary of the Soul

ISBN 13: 978-0-87612-171-9
ISBN 10: 0-87612-171-7

Prijevod na hrvatski osigurao Self-Realization Fellowship

Copyright © 2020 Self-Realization Fellowship

Sva prava pridržana. Osim kratkih navoda u recenzijama knjiga niti jedan dio knjige *U svetištu duše (In the Sanctuary of the Soul)* ne smije se reproducirati, pohranjivati, prebacivati ili prikazivati u bilo kojem obliku (elektroničkom, mehaničkom ili nekom drugom) sada dostupnom ili kasnije izumljenom – uključujući: fotokopiranje, snimanje i bilo koji sustav za pohranu i pristup – bez prethodnoga pisanog dopuštenja Self-Realization Fellowshipa, 3880 San Rafael Avenue, Los Angeles, California 90065-3219, U.S.A.

 Odobrilo Međunarodno izdavačko vijeće
Self-Realization Fellowship

Ime i zaštitni znak (gore prikazan) *Self-Realization Fellowship* pojavljuje se na svim knjigama, zvučnim i videozapisima te ostalim izdanjima SRF-a, što čitatelju jamči da je dano djelo izdalo Društvo koje je osnovao Paramahansa Yogananda i da kao takvo vjerno prenosi njegova učenja.

Autorica fotografije na naslovnici: Deborah DeWitt Marchant

Prvo hrvatsko izdanje, 2020.
First edition in Croatian, 2020

Tisak dovršen 2020.
This printing 2020

ISBN-978-0-87612-870-1
ISBN-0-87612-870-3

1670-J6401

SADRŽAJ

PREDGOVOR.................................. VII

PRVI DIO
Molitva je zahtjev duše.......................... 1

DRUGI DIO
Unutarnja koncentracija: uvod u iskrenu molitvu.... 33

TREĆI DIO
Moraš znati za što se moliš....................... 53

ČETVRTI DIO
Moraš imati jasnu predodžbu o Bogu 65

PETI DIO
Moli s pokretačkom snagom volje 73

ŠESTI DIO
Zatraži svoje unutarnje svetište.................... 87

PREDGOVOR

Sri Daya Mata (1914.-2010.)

Treća predsjednica i duhovna čelnica Self-Realization Fellowshipa*/Yogoda Satsanga Society of India

Paramahansu Yoganandu upoznala sam 1931. godine u svojem rodnom gradu Salt Lake Cityju, kamo je došao održati niz predavanja i tečajeva. Taj mi je susret stubokom promijenio život.

Premda sam još bila tinejdžerica, tražila sam duhovne odgovore. Slušala sam propovijedi mnogih svećenika, ali moje je srce ostalo nezadovoljno: „Svi govore o Bogu, ali postoji li netko tko Ga doista poznaje?"

---

* U prijevodu - Udruga samoostvarenja. Paramahansa Yogananda objasnio je kako naziv *Self-Realization Fellowship* označava *udrugu*, tj. povezanost s Bogom, kroz *samoostvarenje* u prijateljstvu sa svim dušama koje su u potrazi za Istinom.

Kada sam ušla u prepunu dvoranu gdje je Paramahansa Yogananda govorio, duhovno uzdignuće, snaga i ljubav koji su zračili iz njega odmah su me uvjerili – do srži mojega bića – da sam u blizini onoga koji je doista pronašao Boga i koji me k Njemu može povesti.

Jedne je večeri govorio o vjeri i snazi volje. Toliko me nadahnuo dok sam ga slušala da sam osjetila kako se vjerom u Boga doista mogu pomaknuti planine.

Kada je predavanje završilo, pričekala sam da ga pozdravim. Već sam neko vrijeme patila od teškoga otrovanja krvi – koje je bilo posljedica nesreće u srednjoj školi – i liječnici za to nisu imali lijeka. Dok smo razgovarali, odjednom mi je rekao: „Vjeruješ li da te Bog može izliječiti?" U očima mu je sjala božanska snaga.

Odgovorila sam: „*Znam* da me Bog može izliječiti."

Blagoslovio me dodirnuvši mi čelo. A onda je

rekao: „Od danas si izliječena. Za tjedan dana tvoji će ožiljci nestati." I točno tako je bilo. Za tjedan dana bolest je nestala i nikad se više nije vratila.

Za Paramahansu Yoganandu vjera i molitva Bogu nisu bili samo pitanje želje ili nedokaziva vjerovanja. Njegov je pristup molitvi bio znanstven, davao je izravne rezultate izravnim iskustvom. Tisuće ljudi diljem svijeta podučio je toj duhovnoj znanosti – jogi, znanosti duše – jasnim metodama unutarnjega sjedinjenja s pomoću kojih svaka duša može iskusiti jedinstvo s Božanskim.*

„Prestanite i znajte da sam ja Bog." Te riječi iz *Psalama* opisuju smisao joge. U unutarnjem miru koji je rezultat duboke meditacije svatko može pronaći osobnu vezu s Bogom. Molitva tada postaje doista dinamična, intimna razmjena puna ljubavi između duše i njezina Stvoritelja u svetištu unutarnje tišine.

Mnoge knjige Paramahanse Yoganande, kao

---

* Te znanstvene tehnike meditacije koje je podučavao Paramahansa Yogananda dostupne su u seriji Lekcija Self-Realization Fellowshipa.

i njegovi sabrani govori i eseji, sadržavaju brojne odlomke posvećene tomu kako da naša molitva bude uspješna. Ova je knjižica ogledna zbirka. Oni koji su tek krenuli putem unutarnjega života Duha tu će naći nadahnuće i potpuno vodstvo s kojim mogu krenuti. Onima koji su molitvu i meditaciju već utkali u svoj svakodnevni život ovaj će vodič donijeti novo usmjerenje i produbiti njihov odnos s Božanskim.

Osobitost učenja Paramahanse Yogananande jest ta da Bog nije dalek i nepristupačan. Naprotiv, Božanski je „najbliži od najbližega, najdraži od najdražega, bliskiji od najbliskijega te se skriva iza svih naših misli i osjećaja, iza svih riječi koje izgovaramo u molitvi."

Kako pokazuje Paramahansaji u izboru sadržanom u ovoj knjizi, posvetimo li molitvi i meditaciji bar jedan trenutak svakoga dana, tada Beskonačni Otac–Majka–Prijatelj postaje živa, prosvijetljena Prisutnost koja unosi u naš život snagu pokazujući nam put, obnavljajući i liječeći nas.

Ovo je moja molitva za tebe, čitatelju, a znam da bi bila i Paramahansajijeva.

Los Angeles,
siječanj 1998.

PRVI DIO

MOLITVA JE ZAHTJEV DUŠE

UĐI U TIŠINU SVOJE DUŠE

Božji hram je u tvojoj duši. Uđi u tišinu svoje duše, sjedni i meditiraj dok svjetlost intuicije gori na oltaru. Tu nema nemira, traganja ni natjecanja. Uđi u tišinu samoće...

Uđi u najdublje svetište duše... Sjeti se i spoznaj u sebi zaboravljenu sliku Boga.

Svatko je od nas Božje dijete. Rađamo se iz Njegova Duha, u Njegovoj potpunoj čistoći, sjaju i radosti. To je naslijeđe nepobitno... Biblija kaže: „Ne znate li da ste hram Božji i da Duh Božji prebiva u vama." Tvoj te Otac voli bezuvjetno... Zauvijek to upamti.

Ne moramo pobjeći u džunglu kako bismo Ga pronašli. Možemo Ga pronaći u džungli svakodnevnog života, kao i u špilji unutarnje tišine.

I kad Mu se samo skrušeno pomoliš, na tebe će se spustiti Njegova velika radost.

Iskrena molitva izraz je duše, potreba duše. Ona je glad za Bogom koja dolazi iznutra i usrdno Mu se, u tišini, obraća.

Neprekidno, u nutrini svoga bića, razgovaraj s Njim; On tada ne može biti daleko od tebe.

Gospodin je Majka nad majkama, Otac nad očevima, jedini Prijatelj među prijateljima. Budeš li uvijek razmišljao o Njemu kao o najbližem od najbližih, svjedočit ćeš mnogim čudima u svom životu. „Hoda uz mene, govori mi i kaže da Njemu pripadam."

KADA JE LJUDSKA POMOĆ NEDOSTATNA

Našim se potrebama može udovoljiti na dva načina. Jedan je materijalni. Kada smo, primjerice, bolesni, zatražit ćemo liječničku pomoć. Ali u nekim nam trenucima čovjek ne može pomoći. Tada se okrećemo Duhovnoj Moći, Stvoritelju tijela, uma i duše. Materijalna je moć ograničena, a kada postane nedovoljna, okrećemo se beskonačnoj Božanskoj Moći. Isto je i s našim financijskim potrebama. Kada učinimo sve što je u našoj moći, a to ipak nije dovoljno, okrećemo se onoj drugoj Moći...

Ne smijemo samo težiti stjecanju financijske sigurnosti i zdravlja, nego trebamo potražiti smisao života. O čemu je riječ? Kada nas pogode teškoće, najprije ćemo se okrenuti okolini i prihvatiti sve materijalne blagodati za koje pomislimo da će nam pomoći. Ali kada dođe trenutak da kažemo: „Sve što sam dosad pokušao nije uspjelo, što ću sada?", tada počinjemo tražiti rješenje. Kada dovoljno duboko zagrabimo u svoju nutrinu, odgovor pronalazimo u sebi. To je jedan oblik uslišene molitve.

Kada kronična bolest i patnja izmaknu ljudskoj kontroli, kada moć ljudskih pokušaja otkrije svu svoju ograničenost i ne izliječi bolest, tjelesnu ili duševnu, tada moramo zatražiti pomoć od Boga – Onoga čija je moć neograničena.

Odmakni od sebe svaku misao kako su Gospod i Njegova čudesna moć daleko na nebu, a ti si nemoćan mali crv zakopan u teškoće ovdje dolje na Zemlji. Sjeti se da se iza tvoje volje skriva Božanska Volja, ta silna Moć koja ti ne može priskočiti u pomoć ako joj se ne otvoriš.

BOG ĆE ODGOVORITI NA TVOJE ZAHTJEVE PUNE LJUBAVI

Bog nije nijemo bezosjećajno Biće. On je utjelovljenje ljubavi. Meditiraš li tako da dođeš u doticaj s Njim, On će odgovoriti na tvoje zahtjeve pune ljubavi. Ne moraš moliti, već samo zahtijevaj i traži od Njega kao Njegovo dijete.

Ja više volim riječ „tražiti" nego „moliti" jer je ta riječ lišena primitivne i srednjovjekovne slike Boga kao kralja i tiranina, kojega kao prosjaci moramo ponizno moliti i laskati Mu.

Molitva je zahtjev duše. Bog nas nije učinio prosjacima: stvorio nas je na Svoju sliku. Tako tvrde Biblija i hinduistički sveti spisi. Prosjak koji odlazi bogatašu pred vrata i moli dobiva milostinju, ali sin može dobiti sve što zatraži od bogata oca. Zato se ne smijemo ponašati poput prosjaka. Božanska bića poput Krista, Krišne i Buddhe nisu lagala kad su rekla da smo stvoreni na Božju sliku i priliku. A ipak, vidimo kako neki imaju sve, kao da su se rodili sa srebrnom žlicom u ustima, dok drugi kao da privlače neuspjeh i nevolje. Gdje je u njima Božja slika? Snaga Duha leži u svakome od nas; pitanje je kako ćemo je razviti.

PRESTANI BITI PROSJAK I POSTANI BOŽJE DIJETE

Tajna uspješne molitve skriva se u promjeni tvoje uloge koju igraš; od prosjaka postani Božje dijete; kada Mu se obraćaš svjestan toga, tvoja će molitva biti i snažna i mudra.

U Ivanovu evanđelju (1, 12) stoji: „A svima koji ga primiše dade vlast da postanu djeca Božja: onima koji vjeruju u njegovo ime." More neće stati u šalicu ako ona nije jednako velika kao i more. Isto se tako i šalica čovjekove sposobnosti usredotočenosti mora povećati kako bi razumio Boga. *Primanje* označava sposobnost koja se stječe vlastitim razvojem; različita je od puke vjere.

Svi oni koji znaju kako Ga primiti mogu spoznati božanskost koja spava u njima i proširiti snagu svojega uma. Budući da smo djeca Božja, imamo mogućnost vladanja nad svime u Njegovu svemiru, baš kao i On.

AKO SMO SVI MI DJECA BOŽJA, ZAŠTO OSJEĆAMO TUGU I PATNJU?

Zašto mnoge naše želje nisu ispunjene i zašto mnoga Božja djeca duboko pate? Bog zbog svoje božanske nepristranosti nije mogao stvoriti jedno dijete boljim od drugoga. On je duše stvorio na Svoju sliku. Te su duše primile najveće darove od Boga: slobodu volje i moć da u skladu s tim razmišljaju i djeluju.

Negdje su, jednom u prošlosti, one prekršile brojne Božje zakone te su time izazvale posljedice...

Čovjek je zlorabio neovisnost koju je dobio od Boga i time na sebe navukao neznanje, tjelesnu patnju, preuranjenu smrt i druga zla. On žanje ono što je posijao. Zakon uzroka i posljedice, odnosno *karme*, primjenjuje se na sve živote.

—⁓—

Bog, premda svemoćan, neće djelovati protiv

zakona ili samo zato što se čovjek moli. On je čovjeku dao samostalnost, a ovaj s njom može činiti što želi. Kad bi oprostio sve ljudske nedostatke, tako da se čovjek može bez posljedica nastaviti loše ponašati, Bog bi bio u neskladu sa samim sobom – zanemario bi zakon uzroka i posljedice kakav se primjenjuje u zakonitostima djelovanja – i ne bi se prema ljudskim životima odnosio u skladu sa zakonima koje je sam stvorio, nego u skladu s vlastitim htijenjem. Moramo li, dakle, živjeti bez upletanja Božje milosti i ostati nemoćne žrtve ljudskih slabosti? Moramo li se neizbježno suočavati s plodovima svojih djela kao da su posljedica predodređenosti ili takozvane sudbine?

Ne! Gospodin je oboje: zakon *i* ljubav. Vjernik koji čistom pobožnošću i vjerom traži bezuvjetnu Božju ljubav i koji djeluje u skladu s božanskim zakonom sigurno će osjetiti Božji dodir koji pročišćuje i ublažava.

―⁓―

Božanska Moć želi ti pomoći svojom voljom: ne moraš je nagovarati. Moraš samo upotrijebiti svoju volju da zahtijevaš kao Njegovo dijete i ponašaš se kao Njegovo dijete.

—⟡—

Pravi vjernici znaju da čak i kad se ne mogu odreći loših navika, Boga mogu k sebi približiti neprestano Ga dozivajući i očekujući od Njega da bude uvijek prisutan – da sudjeluje u njihovu svakodnevnom životu, kao i da im odgovori u trenucima molitve. Oni znaju da Bog može sve i da većina razumijevanja leži s onu stranu intelekta. Kada vjernik uporno traži pomoć i prisutnost Boga vizualizirajući Ga s ljubavlju i vjerujući u Njegovu sveprisutnost, onda će mu se Gospodin otkriti u nekom obliku. Kada mu se otkrije, mrak zlih navika automatski će biti protjeran i ostat će vidljiva samo neokaljana duša.

—⟡—

NE POISTOVJEĆUJ SVOJU BESMRTNOST S LJUDSKIM NAVIKAMA

Ako si jako pobožan, od Boga možeš tražiti bilo što. Ja Mu svakoga dana postavljam nova pitanja, On mi na njih odgovara. Nikada nije povrijeđen nijednim iskrenim pitanjem koje Mu postavim. Katkada Ga čak i prozovem za ovo što je stvorio: „Tko će trpjeti karmu za sva zla u ovoj drami? Ti si, Stvoritelju, oslobođen karme. Zašto si onda nas izložio tom jadu?" Mislim da je jako tužan zbog nas. On nas želi ponovno prigrliti, ali ne može to učiniti sve dok god ne budemo s Njim surađivali i trudili se.

―⁂―

Ono što učinimo možemo i poništiti.

―⁂―

Čega se bojiš? Ti si besmrtno biće. Nisi ni muškarac, a ni žena, kao što bi mogao pomisliti, ti si duša, radosna i vječna. Ne poistovjećuj svoju besmrtnost s ljudskim navikama... Čak i u najtežim mukama, uvijek ponavljaj: „Moja je duša uskrsnula. Moja moć nadvladavanja snažnija je od svih mojih patnji jer ja sam Božje dijete."

Ne dopusti nikomu da te naziva grešnikom. Bog te stvorio na Svoju sliku. Zanijekati tu sliku najveći je grijeh koji možeš počiniti prema samome sebi... Mrak može vladati u špilji tisućama godina, ali unesi u nju svjetlost i mraka će nestati kao da nikad nije ni postojao. Isto tako nisu bitni ni tvoji nedostaci, oni ti više neće pripadati kad u sebe uneseš svjetlost dobrote.

Kada moje patnje postanu preteške, objašnjenje najprije tražim u sebi. Ne krivim okolnosti niti pokušavam ispraviti druge. Prvo pogledam u sebe. Pokušavam očistiti tvrđavu svoje duše i ukloniti sve što ometa njezin svemoćni i mudri izraz. Tu leži uspjeh života.

Ogrni se mišlju o Bogu. Njegovo sveto Ime je Moć nad moćima. Poput štita ono odbija sve negativne vibracije.

NAŠ ODNOS S BOGOM NIJE HLADAN I NEOSOBAN

Naš odnos s Bogom nije hladan poput odnosa poslodavca i zaposlenika. Mi smo Njegova djeca. On nas *mora* saslušati! Ne možemo pobjeći od činjenice da smo Njegova djeca. Mi nismo samo bića koja je On stvorio; mi smo dio Njega. On nas je postavio prinčevima, ali mi smo izabrali da budemo robovi. On želi da ponovno postanemo prinčevi, da se vratimo u svoje kraljevstvo. Ali nitko tko se odrekao njegova božanskog naslijeđa neće ga ponovno steći bez truda. Mi smo stvoreni na Njegovu sliku, ali smo nekako zaboravili istinu. Podlegli smo zabludi da smo smrtna bića i moramo raskinuti veo te zablude bodežom mudrosti.

Razne svjetske religije utemeljene su više ili manje na čovjekovim *vjerovanjima*. Ali pravi temelj vjere trebala bi biti znanost koju svi vjernici mogu primijeniti da bi dosegli našega jedinoga Oca – Boga.

Joga je ta znanost.

Sišli smo od Boga i moramo se ponovno popeti do Njega. Naizgled smo se odvojili od Oca i sada se moramo svjesno ponovno spojiti s Njim. Joga nas uči kako ćemo se uzdignuti iznad zablude razdvojenosti i shvatiti svoje jedinstvo s Bogom. Pjesnik Milton pisao je o čovjekovoj duši i kako se ona može ponovno vratiti u raj. To je smisao i cilj joge – vratiti se u izgubljeni raj svijesti duše po kojoj čovjek može spoznati da jest i da je uvijek bio jedno s Duhom.

Živiš li s Gospodinom, izliječit ćeš se od zablude života i smrti, zdravlja i bolesti. Budi u Gospodinu. Osjeti Njegovu ljubav. Ničega se ne boj. Samo u Božjoj utvrdi možemo pronaći zaštitu. Nema sigurnijeg utočišta punog radosti od Njegove nazočnosti. Kad si s Njim, ništa te ne može povrijediti.

Ostani u utvrdi Njegove prisutnosti... Nosi u sebi „prijenosno nebo".

ISPRAVAN NAČIN MOLITVE

Možda si se u prošlosti razočarao što tvoje molitve nisu uslišene. Ali ne gubi vjeru. Kako bi provjerio jesu li molitve uspješne, moraš u umu prvo vjerovati u moć molitve.

Možda tvoje molitve nisu uslišene jer si odlučio biti prosjak. Usto moraš znati što možeš s pravom zahtijevati od Nebeskoga Oca. Možeš se moliti svom snagom srca da posjeduješ zemlju, ali molitva ti neće biti uslišena jer su sve molitve povezane s materijalnim životom ograničene: one to moraju biti. Bog neće prekršiti Svoje zakone da bi udovoljio hirovitim željama. Ali postoji i ispravan način molitve.

Moramo zahtijevati s ljubavlju kao djeca Božja, a ne kao prosjaci. Svaka prosjačka molitva, koliko god bila iskrena, ograničava dušu. Kao djeca Božja moramo vjerovati da *imamo* sve što ima Otac. To je pravo koje smo stekli rođenjem. Isus je shvatio istinu kada je rekao: „Ja i Otac jedno smo." Zato je on vladao nad svime, baš kao i Njegov Otac. Većina nas prosi i moli ne uspostavivši prije u svome umu svoje božansko pravo po rođenju; zato smo ograničeni zakonom prosjaštva. Ne moramo prositi, nego *zahtijevati* i *tražiti* od Oca ono što smo, u svojoj ljudskoj mašti, smatrali izgubljenim.

U ovom je trenutku bitno poništiti vjekovnu pogrešnu misao – da smo krhka ljudska bića.

UPOZNAJ SEBE KAO DUŠU, KAO DIJETE BOŽJE

U dubokoj meditaciji upoznaj sebe kao dušu, dijete Božje, stvoreno po Njegovoj slici.

Halucinirao si misleći da si nemoćan smrtnik... Svakoga dana moraš mirno sjesti i izgovoriti, s dubokim uvjerenjem: „Ni rođenja, ni smrti, ni kaste nemam; ni oca, ni majke, nikoga nemam. Blagoslovljeni Duše, ja sam On. Ja sam Beskonačna Sreća." Budeš li neprestano ponavljao te misli, danju i noću, na kraju ćeš shvatiti što si ti doista: besmrtna duša.

IZRAZI UVJERENJE U TO ŠTO JESI

Ne ponašaj se kao smrtno biće koje pred nekim puže. Ti si dijete Božje!

Izjavi da si dijete Božje i dobro razmisli o onome što je rekao Isus: „Ja i Otac jedno smo."

Dovoljno je da u sebi potvrdimo duhovni identitet da bi stupilo na snagu ispunjenje molitve. Tim su se zakonom koristili sveci cijeloga svijeta. Iz dubine svojega iskustva Krist nam je mogao dati ovo slavno svjedočanstvo:
„Ako imate vjeru i ne posumnjate... ako reknete ovoj gori: Digni se odatle i baci se u more! – i to će se dogoditi. Sve što s vjerom zamolite dobit ćete."

„VJERUJEM U BOGA; ZAŠTO MI ON NE POMAŽE?"

Vjerovanje u Boga i vjera u Boga dvije su različite stvari. Vjerovanje je bezvrijedno ako ga ne staviš na kušnju i ne živiš u skladu s njim. Vjerovanje pretvoreno u iskustvo postaje vjera. Zato nam je prorok Malahija rekao: „Tada me iskušajte – govori Jahve nad Vojskama – neću li vam otvoriti ustave nebeske i neću li izliti na vas punom mjerom blagoslov."

Vjera ili intuitivno iskustvo prisutna je u duši. Iz nje se rađa ljudska nada i želja za ostvarenjem... Obična ljudska bića ne znaju gotovo ništa o toj intuitivnoj vjeri koja neizraženo živi u duši, ali i koja je tajno vrelo svih naših najluđih nada.

Vjera znači znanje i uvjerenje da smo stvoreni na sliku Božju. Kada se uskladimo s Njegovom sviješću unutar sebe, možemo stvarati svjetove. Zapamti, u tvojoj volji leži svemoćna snaga Boga. Kada te snađu nevolje i kad se ne predaš unatoč svemu, kad se tvoj um s Njim uskladi, otkrit ćeš da ti se On javlja.

Vjera se mora njegovati, odnosno moramo je pronaći u sebi. Ona je tu, ali mora izaći na površinu. Osvrneš li se na svoj život, vidjet ćeš bezbrojne načine Božjega djelovanja: tvoja će vjera tada ojačati. Malobrojni traže Njegovu skrivenu ruku. Većina ljudi smatra tijek događaja prirodnim i neizbježnim. Kako li malo znaju o tome kakve je korjenite promjene moguće postići molitvom!

VJERA DONOSI DOKAZ BOŽJEGA ODGOVORA

Bog doista odgovara kad Mu se moliš pun duboke vjere i odlučnosti. Katkada odgovara ubacivši misao u um druge osobe koja može ispuniti tvoju želju ili potrebu; ta osoba tada služi kao Božje sredstvo koje će donijeti željeni rezultat. Ti ne shvaćaš kako savršeno djeluje ta velika moć. Ona djeluje matematički. Kod nje ne postoji „ako". I to je ono što Biblija podrazumijeva pod vjerom: to je *dokaz* onoga što nismo vidjeli.

NASTOJ SVOJA DUHOVNA UVJERENJA PRETVORITI U ISKUSTVO

Prakticiranje vjere došlo je do trenutka kada tek malobrojni pokušavaju svoje duhovne misli pretvoriti u iskustvo... Većina ljudi zadovoljna je sobom i onime što su pročitali o Istini, a da je nikad nisu iskusili.

Kada pokušaš svoja duhovna uvjerenja pretvoriti u iskustvo, počinje ti se otvarati drugi svijet. Ne živi u lažnom osjećaju sigurnosti vjerujući da ćeš biti spašen samim time što si se pridružio crkvi. Ti se sam moraš truditi spoznati Boga. Tvoj um može biti zadovoljan tvojom pobožnošću, ali sve dok tvoja svijest ne bude zadovoljna izravnim odgovorima na tvoje molitve, nijedna formalna religija neće te spasiti. Kakva smisla ima moliti se Bogu ako On ne odgovara? Koliko god bilo teško dobiti Njegov odgovor, to je ostvarivo. Da bi osigurao svoj dolazak u nebo, moraš iskušati snagu svojih molitvi sve dok one ne postanu uspješne.

ISKUŠAJ SNAGU SVOJE MOLITVE

Neki bi se mogli pobuniti govoreći: „Znam da su moje molitve uslišene jer čujem Boga kako mi govori. Dokazao sam da je odgovorio na moje molitve." No jesi li siguran da su tvoje molitve doista doprle do Boga i da je On svjesno odgovorio na njih? Što je tomu dokaz? Pretpostavimo da si molio za ozdravljenje i da ti se zdravlje poboljšalo. Znaš li jesu li za tvoje izlječenje zaslužni prirodni uzroci, lijek ili su tvoje, odnosno tuđe molitve donijele Božju pomoć? Katkada nema uzročne veze između molitve i lijeka. Možda bi ozdravio i da nisi molio. Zbog toga moramo otkriti možemo li na znanstveni način primijeniti zakon uzroka i posljedice putem molitve. Indijski su mudraci dokazali da Bog odgovara na zakon. Oni koji su iskusili odgovor rekli su da ga svi koji poštuju zakon mogu iskušati i iskusiti sami.

Kad bi se znanstvenici okupili i samo molili za

izume, bi li ih dobili? Ne bi. Moraju primijeniti Božje zakone. Kako ti onda crkva ili hram mogu donijeti Boga samo slijepom molitvom ili obredom?

—⚘—

Boga ne možeš „podmititi" darovima, pokorama ili posebnim obredima da bi On proizvoljno promijenio Svoj zakon niti On odgovara na slijepu molitvu ili pristranost. Može ga dirnuti čovjekova suradnja sa zakonom ili ljubav: ljubav *jest* zakon. Kada čovjek zauvijek zatvori prozor svojega života i Božje zrake zdravlja, snage i mudrosti više ne dopiru do njega, čovjek se mora potruditi da ponovno otvori te prozore i do sebe pusti ponuđeno čekajući da uđe iscjeljujuća svjetlost Gospodnja.

—⚘—

Moramo svakodnevno razmišljati, meditirati, potvrđivati, vjerovati i shvaćati da smo sinovi Božji – i ponašati se u skladu s tim! Možda će trebati mnogo vremena da to shvatimo, ali moramo početi s pravim načinom, a ne kockati se s neznanstvenim prosjačkim molitvama te stoga biti podložni nevjerici, sumnji ili poigravanju praznovjerja. Tek kad uspavani ego sebe više ne bude smatrao tijelom, nego slobodnom dušom ili sinom Božjim koji u tijelu počiva i kroz njega djeluje, moći će s pravom i u skladu sa zakonom zatražiti svoja božanska prava.

DRUGI DIO

UNUTARNJA KONCENTRACIJA: UVOD U ISKRENU MOLITVU

SJETI SE BOGA, KOJI PREBIVA U TEBI

Razvij svijest o tome da je Bog s tobom.

———

Bog se čini dalekim samo zato što je tvoja pozornost usmjerena prema izvanjskom, odnosno onome što je stvorio, umjesto prema unutra, prema Njemu samom. Kad god ti misli zalutaju u labirintu svjetovnih misli, strpljivo ih usmjeri na to da se ponovno sjete Boga, koji prebiva u tebi. S vremenom ćeš otkriti da je On uvijek s tobom – Bog koji razgovara s tobom, tvojim jezikom, Bog čije se lice odražava u svakom cvijetu, grmu i vlati trave. Tada ćeš reći: „Slobodan sam! Obavija me veo Duha; letim od Zemlje prema nebu na krilima svjetlosti." I kakva li će samo radost tada obuzeti tvoje biće!

———

Božanstveni Duše, blagoslovi nas tako da u srcu

zauvijek govorimo samo o Tebi. Nije bitno što izgovaramo, naše će srce uvijek ponavljati Tvoje ime.

—⚜—

Jednom sam tijekom meditacije čuo kako mi Njegov glas šapuće: „Ti nisi ušao, a rekao si da me nema. I zato si rekao da me nema. Ja sam uvijek tu. Uđi i vidjet ćeš me. Uvijek sam tu, spreman da te dočekam."

„KADA MOLIŠ, UĐI U SVOJU SOBU"

Sanskrtska riječ za vjeru vrlo je izražajna. Ona glasi *visvas*. Obični, doslovni prijevodi „lako disati, imati povjerenja, biti slobodan od straha" ne prenose puni smisao. Na sanskrtu se riječ *svas* odnosi na kretnje disanja podrazumijevajući time život i osjećaj. *Vi* nosi značenje „suprotan, bez". Odnosno, onaj čiji dah, život i osjećaj su mirni, njegova se vjera može roditi iz intuicije; nju ne mogu imati oni koji su emocionalno nemirni. Njegovanje intuitivnoga mira zahtijeva razvoj unutarnjega života. Kad se dovoljno razvije, intuicija donosi trenutačnu spoznaju istine. Ti možeš doći do te predivne spoznaje. Meditacija je put do nje.

Meditiraj strpljivo i uporno. Kada postigneš mir, ući ćeš u carstvo duševne intuicije. Tijekom stoljećâ prosvjetljenje su postizali oni koji su se okrenuli unutarnjem svijetu zajedništva s Bogom. Isus je rekao: „A ti kad moliš, uđi u svoju sobu, zatvori vrata te se pomoli Ocu svom u tajnosti, pa će ti platiti Otac tvoj, koji vidi u tajnosti." Okreni se sebi, zatvori vrata osjetila i isključi njihovu povezanost s nemirnim svijetom i Bog će ti otkriti sva Svoja čuda.

KAKO SU SVECI PRVOTNO SPOZNALI BOGA?

Kako su ga isprva pronašli oni koji su ga tražili? Najprije su zatvorili oči da isključe neposredan doticaj sa svijetom i materijom, tako su se mogli bolje usredotočiti na otkrivanje Inteligencije koja leži iza njega. Uvidjeli su da ne mogu vidjeti Božju prisutnost u prirodi s uobičajenih pet osjetila. Stoga su Ga pokušali spoznati u sebi sve se dublje usredotočujući na Njega. Na kraju su otkrili kako isključiti svih pet osjetila te tako privremeno isključiti svijest o materiji. Unutarnji svijet Duha počeo im se otvarati. Tim velikanima drevne Indije koji su nepokolebljivo ustrajali u toj unutarnjoj potrazi Bog se na kraju otkrio. Tako su se postupno predodžbe svetaca o Bogu počele pretvarati u njihovo izravno opažanje Boga. To moraš učiniti i ti ako Ga želiš spoznati.

DOK TI ŠUTIŠ, BOŽJA ŠUTNJA PRESTAJE

Osjeti koji dopiru kroz osjetilne živce ispunjaju um bezbrojnim zaglušujućim mislima, pa je sva pozornost usmjerena na te osjete. Ali Božji glas je tišina. Tek kad se misli utišaju, čovjek čuje Božji glas, koji mu se obraća u tišini intuicije. To je način na koji se Bog izražava. Dok ti šutiš, Božja šutnja prestaje. On ti se obraća putem tvoje intuicije. Vjerniku čija je svijest iznutra povezana s Bogom Njegov glasan odgovor je nepotreban – intuitivne misli i prave vizije čine Božji glas. One nisu rezultat osjetilnog podražaja, nego kombinacija vjernikove šutnje i Božjega glasa tišine.

Bog je s nama cijelo vrijeme, On nam govori, ali Njegov glas tišine utapa se u buci naših misli: „Ti si me uvijek ljubio, ali ja Te nisam čuo." On je bio uvijek u blizini; mi smo se udaljili od Njegove svijesti.

Unatoč našoj ravnodušnosti i potrazi za osjetilnim užicima Bog nas još voli i uvijek će nas voljeti. Da bismo to znali, moramo skrenuti pozornost s vanjskih osjeta i okrenuti se unutarnjoj tišini.

Utišavanje misli znači njihovo usklađivanje s Bogom. U tom trenutku počinje prava molitva.

DOK MOLIŠ, NE RAZMIŠLJAJ NI O ČEMU DO O DUHU

Kad molimo, morali bismo učiniti sve da svu svoju pozornost što više usmjerimo na Boga, umjesto da govorimo: „Bože, Bože, Bože" i puštamo da nam misli lutaju posvuda. Moja je teta izgovarala molitve prebirući zrnca brojanice. Gotovo uvijek mogao si je vidjeti kako ih žustro prebire prstima. Ali prišla mi je jednoga dana i priznala da Bog nikad nije uslišio njezine molitve premda to čini već četrdeset godina. Nije ni čudo! Njezine „molitve" svodile su se tek na nervoznu fizičku naviku. Dok moliš, ne razmišljaj ni o čemu do o Duhu.

Slijepim ponavljanjem zahtjeva ili tvrdnji, bez istodobne pobožnosti ili spontane ljubavi, pretvaramo se u „gramofonsku ploču" koja ne zna pravo značenje molitve. Mehaničko mrmljanje molitve dok zapravo razmišljamo o nečem drugom neće nam donijeti Božji odgovor. Slijepo ponavljanje, uzaludno izgovaranje Božjega imena ne donosi ploda. Neprestano ponavljanje zahtjeva ili molitve, u sebi ili naglas, uz produbljenu pozornost i pobožnost, produhovljuje molitvu i pretvara svjesno ponavljanje s vjerom u nadsvjesno iskustvo.

KOJA ĆE MOLITVA NAJBRŽE PRIVUĆI BOŽANSKOG VOLJENOG?

Podaj Bogu dragulje molitve koji leže duboko u rudniku tvojega srca.

Čovjek se ne bi smio oslanjati na knjigu o ljubavi kad se susreće s voljenim bićem, već treba govoriti spontanim jezikom svojega srca. Kad tuđim jezikom ljubavi oblikuješ zahtjeve koje upućuješ Bogu, te riječi moraš učiniti svojima potpuno ih razumijevajući i razmišljajući o njihovu značenju i rabeći ih potpuno usredotočeno i s ljubavlju; kao što nije loše obratiti se voljenom biću jezikom velikoga pjesnika i udahnuti tim riječima svoju ljubav i osjećaje.

LJUBI BOGA SVIM SRCEM SVOJIM ...

Najveće zapovijedi dane čovjeku jesu: ljubi Boga svim srcem svojim, svom dušom svojom, svim umom svojim i svom snagom svojom; i druga, ljubi bližnjega svoga kao samoga sebe. Budeš li slijedio te zapovijedi, sve će ići svojim putem i na ispravan način. Nije dovoljno biti strogi moralist – kamen i koza ne krše moralne zakone, a ipak ne poznaju Boga. Ali ako ljubiš Boga dovoljno duboko, makar bio i najveći grešnik, doživjet ćeš preobrazbu i iskupljenje. Velika svetica Mirabai rekla je: „Da bismo našli Gospoda, potrebna je jedino ljubav." Ta me istina duboko dirnula.

Svi proroci govore o te dvije najveće zapovijedi. Ljubiti Boga svim srcem znači ljubiti Ga onako kako ljubiš osobu koja ti je najdraža – kao što majka ili otac ljube svoje dijete ili kao što ljubiš voljenu osobu. Daruj takvu bezuvjetnu ljubav Bogu. Voljeti Boga svom dušom znači da Ga doista možeš voljeti dok u dubokoj meditaciji spoznaješ sebe kao dušu, Božje dijete, stvoreno na Njegovu sliku. Voljeti Boga svim umom znači da je sva tvoja pozornost u molitvi usmjerena na Njega, a ne raspršena u nemirnim mislima. U meditaciji razmišljaj jedino o Bogu; ne dopuštaj umu da luta prema svemu drugome osim prema Bogu. Zato je joga bitna; ona ti omogućava da se usredotočiš. Kada s pomoću joge odmakneš nemirnu životnu silu od osjetila i okreneš se svojoj nutrini razmišljajući o Bogu, onda Ga ljubiš svom snagom – cijelo tvoje biće usmjereno je na Njega.

ŠTO KAD ČOVJEK NE OSJEĆA LJUBAV PREMA BOGU?

Često možda ništa nećeš postići sjedeći u tišini i pokušavajući osjetiti pobožnost. Zato ja podučavam znanstvene tehnike meditacije. Primijeni ih i moći ćeš odvojiti misli od osjetilnih upletanja i s njima vezanog neprestanog toka misli. S pomoću Kriya joge* naša svijest djeluje na višoj razini, gdje se posvećenost Beskonačnom Duhu spontano javlja u čovjekovu srcu.

---

* Ovu naprednu duhovnu znanost postizanja unutarnjeg dodira s Bogom, koja je potekla prije mnogo tisućljeća iz Indije, podučava Paramahansa Yogananda u *Lekcijama Self-Realization Fellowshipa*. (*bilješka izdavača*)

GDJE PRESTAJE KRETANJE, POČINJE OPAŽANJE BOGA

Nauči biti mirna tijela i uma jer gdje prestaje kretanje, počinje opažanje Boga.

Tvoj je problem u meditaciji to što ne ustraješ dovoljno da bi postigao rezultate. Zato nikada ne upoznaješ moć usredotočenoga uma. Dopustiš li blatnoj vodi da dovoljno dugo bude mirna, blato će se slegnuti na dno i voda će se razbistriti. Kada se u meditaciji blato tvojih nemirnih misli počne slijegati, Božja snaga počinje se odražavati u bistrim vodama tvoje svijesti.

Mjesečev odraz ne vidi se jasno u namreškanoj vodi, ali kada je površina vode mirna, pojavljuje se savršen odraz Mjeseca. Isto je i s umom: kad je miran, u njemu se jasno zrcali okruglo lice duše. Kao duše, mi smo odraz Boga. Kada meditacijskim tehnikama uklonimo nemirne misli iz jezera uma, primjećujemo svoju dušu, savršen odraz Duha, i spoznajemo da su duša i Bog – Jedno.

SPOZNAJ ZNANOST ODAŠILJANJA SVOJIH MOLITVI I PRIMANJA BOŽJIH ODGOVORA

Kao što pokvareni mikrofon ne može odaslati poruku, tako ni nemiran um ne može prenositi molitve Bogu.

Vještom uporabom tehnika meditacije popravi svoj mentalni mikrofon. Kada osjetiš mir, tvoj mentalni mikrofon radi; sada je vrijeme za prijenos prvoga zahtjeva ispunjenog ponajprije ljubavlju: „Oče, pomozi mi da ponovno spoznam da smo Ti i ja – jedno." Najprije glasno, zatim šaptom i naposljetku u sebi ustvrdi: „Oče, Ti i ja smo jedno."

Ne posustaj nakon jednoga ili dva pokušaja ako ti se učini da Bog ne odgovara. Ne možeš dobiti odgovor ako nekoga samo pozoveš preko mikrofona i onda pobjegneš. Tako nemoj stati nakon jednoga ili dva mentalna prijenosa; uz svjestan napor i trud nastavi u duhu razgovarati s Bogom sa sve većom žudnjom u srcu.

Ako nakon uzastopnih pokušaja i dalje ne vidiš Boga ili ne čuješ da je pokucao na dveri tvojega srca, ne obeshrabruj se. Dugo si bježao od Njega, skrivao se u močvarama osjetila. Zbog buke koju su podizale tvoje svadljive strasti i tvoji teški koraci dok si bježao svijetom materije nisi čuo Njegov poziv iznutra. Stani. Budi miran. Postojano moli i iz tišine će se uzdignuti Božanska Prisutnost.

Kada osjetiš da se radost širi tvojim srcem i cijelim tijelom i kad nastavi rasti čak i nakon meditacije, primio si jedini siguran dokaz da je Bog odgovorio kroz radioaparat tvojega srca ugođen na postaju pobožnosti. Srce, koje je središte osjećaja, i um, koji je središte razuma, moraju biti usredotočeni tako da tvoja poruka dopre do Boga i da ti primiš Njegov odgovor.

Što budeš dulje i dublje meditirao i molio Mu se, to ćeš dublje osjećati i biti svjestan širenja radosti u svojem srcu. Tada ćeš bez dvojbe znati da Bog postoji i da je On vječna, svjesna, sveprisutna radost koja se neprestano obnavlja. U tom ćeš Ga trenutku zamoliti: „Oče, sada, danas, uvijek, sutra, u svakome trenutku, u snu, na javi, u životu, u smrti, na ovome i onome svijetu, budi uz mene kao Radost u mojem srcu."

Nakon molitve zatraži, ako želiš, ozdravljenje tijela, blagostanje ili koju god svjetovnu pomoć tvoja razborita mudrost procijeni potrebnom.

—☙—

Moli dok ti ne odgovori razgovijetnim glasom beskonačne radosti koja treperi u svakoj stanici tvojega tijela i u svakoj tvojoj misli ili vizijama koje ti pokazuju što ti je činiti. Moli neprestance dok ne budeš posve siguran u božansku prisutnost, a onda od Svevišnjega zatraži ispunjenje tjelesnih, duševnih ili duhovnih potreba kao svoje božansko, rođenjem stečeno pravo.

TREĆI DIO

MORAŠ ZNATI ZA ŠTO SE MOLIŠ

KAKVA JE NAJBOLJA MOLITVA?

Reci Gospodinu: „Molim Te, reci mi što je Tvoja volja." Ne reci: „Želim ovo ili ono", nego vjeruj da On zna što tebi treba. Vidjet ćeš da ćeš dobiti mnogo bolje stvari kada On bira za tebe.

Iskreno ocijeni je li tvoja molitva opravdana. Ne traži od Boga ono što je nemoguće u prirodnom poretku života. Traži samo ono što je doista nužno. I budi svjestan razlike između „potrebnih potreba" i „nepotrebnih potreba"... Odbaci želje za nepotrebnom imovinom. Usredotoči se samo na stvarne potrebe. Tvoja najveća potreba je Bog. On će ti dati ne samo „potrebne potrebe" nego i „nepotrebne potrebe". On će udovoljiti svakoj tvojoj želji kada postaneš jedno s Njim. Ostvarit će se i tvoji najluđi snovi.

U životu trebaš ono što će ti pomoći da ispuniš svoju glavnu svrhu. Ono što možda želiš, ali ne *trebaš* može te udaljiti od te svrhe. Uspjeh ćeš postići tek kada sve podrediš svojem glavnom cilju. Razmisli hoće li ispunjenje cilja koji si ti odabrao značiti i uspjeh. Što je doista uspjeh? Živiš li u zdravlju i blagostanju, ali imaš problema sa svima ostalima (uključujući i sebe), tvoj život nije uspješan. Tvoje je postojanje uzaludno ako ne pronađeš sreću. Kada izgubiš bogatstvo, izgubio si malo; kada izgubiš zdravlje, izgubio si nešto što ima snažnije posljedice; ali kada izgubiš mir duše, izgubio si najveće blago.

ŠTO SE VIŠE USREDOTOČIŠ NA IZVANJSKO, TO ĆEŠ MANJE BITI SRETAN

Mazga koja nosi vreću zlata na leđima ne zna vrijednost svoga tereta. Tako ni čovjek zaokupljen nošenjem životnoga tereta, koji se nada nekoj sreći na kraju muke, ne razumije da u sebi nosi najviše i vječno blaženstvo duše. Zato što sreću traži u "stvarima", ne zna da već nosi bogatstvo sreće u sebi.

BOGA NE MORAŠ ZASLUŽITI

Nakon nekog vremena tjelesne potrebe postaju teret, više ne donose ugodu jer uviđaš da je naporno brinuti se za njih. Tako „plaćaš" za sve što dobivaš, osim za božanski blagoslov. Za to moraš samo mirno sjediti i zamoliti Nebeskoga Oca. Da sam mislio da moram zaslužiti Boga, ne bih se ni trudio; kao sin imam Ga pravo upoznati. Zatražiš li svoje pravo od Oca, On će ti ga dati. Onim poklonicima koji to zahtijevaju On dolazi. To On želi.

„ODRŽAVAJ ME PO SVOJOJ VOLJI"

Nije pogrešno reći Gospodinu da nešto želimo. Ali pokazat ćemo veću vjeru budemo li jednostavno rekli: „Nebeski Oče, znam da predviđaš svaku moju potrebu. Održavaj me po Svojoj volji." Želi li netko, primjerice, posjedovati automobil i moli li dovoljno snažno da ga dobije, on će ga dobiti. Ali posjedovanje automobila možda nije najbolje za njega. Katkada Gospodin odbija naše male molitve jer nam je namijenio veći dar. Imaj više vjere u Boga. Vjeruj da će te Onaj koji te stvorio uzdržavati.

—⚜—

Činjenica je da su katkada tvoje najgorljivije molitve i želje tvoji najveći neprijatelji. Razgovaraj iskreno i pravedno s Bogom i dopusti Mu da odluči što je za tebe dobro. On će surađivati s tobom. Čak i dok griješiš, ne boj se. Imaj vjere. Znaj da je Bog s tobom. Pusti da te u svemu vodi ta Snaga. Ona ne može pogriješiti.

MOLI SE BOGU ZA VODSTVO

Kada nakon meditacije osjetiš unutarnji mir i radost, vrijeme je da se pomoliš Bogu za vodstvo; tada si ostvario božanski doticaj. Ako misliš da nešto trebaš, tada to možeš iznijeti Bogu i pitati je li tvoja molitva opravdana. Osjetiš li u sebi da je tvoja potreba opravdana, moli: „Gospodine, Ti znaš da mi je to potrebno. Razmišljat ću, stvarat ću, učinit ću sve što treba. Samo Te molim da mojoj volji i sposobnosti stvaranja pokažeš put prema pravim postupcima."

POTRAŽI NJEGOVO VODSTVO IZNUTRA

Obrati se Bogu; moli i plači sve dok ti ne pokaže djelovanje Svojih zakona i dok te ne povede. Zapamti, više od svakog razmišljanja vrijedi sjediti i meditirati o Bogu dok ne osjetiš unutarnji mir. A onda kaži Gospodinu: „Ne mogu sam riješiti svoj problem ni ako mu posvetim bezbroj svojih misli; ali ga mogu riješiti ako ga stavim u Tvoje ruke, tako da najprije od Tebe zatražim da mi pokažeš put, a onda nastavim smišljajući različite mogućnosti rješenja." Bog pomaže onima koji sami sebi pomognu. Kada ti je um miran i ispunjen vjerom nakon molitve Bogu u meditaciji, vidjet ćeš različite odgovore na svoje probleme; a budući da je tvoj um miran, možeš izabrati najbolje rješenje. Slijedi to rješenje i postići ćeš uspjeh. To je primjena znanosti o religiji u svakodnevnom životu.

„TRAŽITE STOGA NAJPRIJE KRALJEVSTVO, A SVE ĆE VAM SE OSTALO DODATI"

Većina ljudi misli da najprije treba steći blagostanje i materijalnu sigurnost, a onda razmišljati o Bogu. Ali takvo odgađanje samo vodi u krug beskonačnoga nezadovoljstva. Najprije treba pronaći Boga. On je najveća potreba u životu jer je On izvor trajne sreće i sigurnosti. Postaneš li samo jedanput svjestan Njegove prisutnosti, znat ćeš što je prava sreća. Ako samo jedanput doživiš stvarni kontakt s Bogom, shvatit ćeš, kad imaš Njega, cijeli svemir leži ti pod nogama. Bog je tvoj hranitelj; On uvijek mora biti s tobom.

Razmišljaš li o Bogu u najdubljoj meditaciji, voliš li Ga svim svojim srcem i osjećaš li potpuni mir u Njegovoj prisutnosti, ne želeći pritom ništa drugo, božanski magnetizam privući će k tebi sve o čemu si ikad sanjao – i mnogo više od toga. U svakom dijelu svojega života dokazivao sam ovu istinu: ako voliš Boga zbog Njega samoga, a ne zbog onoga što ti On može dati, i ako te Njegov božanski magnetizam posve privukao, ta Njegova moć izlazi iz tvojega srca i uma i tada ćeš i najmanjom željom koju osjetiš privući njezino ispunjenje. Osjećaš li bezuvjetnu ljubav prema Bogu, On ubacuje misli u tuđe glave i oni postaju sredstvo koje će ispuniti čak i neizgovorene želje.

―⁓―

Svaka molitva koju izgovoriš jest želja. Ali kad pronađeš Boga, sve želje nestaju i više nema potrebe za molitvom. Ja se ne molim. To se možda čini čudnim, ali kada je Predmet molitve cijelo vrijeme uz tebe, više se ne moraš moliti. U ispunjenju želje ili molitve za Njega leži vječna radost.

―⁓―

Iskreno vam kažem da su sva moja pitanja dobila odgovor, ne kroz čovjeka, nego kroz Boga. On *jest*. On *jest*. Njegov duh govori kroz mene. Ja govorim o

Njegovoj ljubavi. Jedno uzbuđenje za drugim! Njegova ljubav nadvija se nad dušu poput lahora. Danju i noću, iz tjedna u tjedan, iz godine u godinu ona raste, a vi ne znate gdje joj je kraj. I to je ono što traži svatko od vas. Mislite da želite ljudsku ljubav i blagostanje, ali iza njih krije se vaš Otac koji vas doziva. Shvatite li da je On veći od svih Njegovih darova, tada ćete Ga pronaći.

ČETVRTI DIO

MORAŠ IMATI JASNU PREDODŽBU O BOGU

PRIMJENA PRAVE METODE DONOSI ZNANSTVENO PRECIZNE REZULTATE

Željene rezultate dobit ćemo budemo li točno znali kako i kada moliti, u skladu s prirodom svojih potreba. Kada se primijeni prava metoda, ona pokreće Božje zakone; pokretanje tih zakona donosi znanstveno precizne rezultate.

Najprije moraš imati pravu predodžbu o Bogu – jasnu zamisao kako možeš ostvariti odnos s Njim – a onda moraš meditirati i moliti se sve dok se ta mentalna predodžba ne pretvori u stvarnu percepciju.

ŠTO JE BOG?

Bog je Vječno Blaženstvo. Njegovo je biće ljubav, mudrost i radost. On je utjelovljen ili neutjelovljen i prikazuje se u kojem god obliku želi. Prikazuje se svojim svecima u onom obliku koji je njima najdraži: kršćani vide Krista, hinduisti Krišnu ili Božansku Majku i tako dalje. Poklonici čije je štovanje okrenuto neutjelovljenomu u svijesti doživljavaju Gospodina kao beskonačno Svjetlo ili čudesni zvuk *Aum*, prvobitnu Riječ, Duha Svetoga. Najviše iskustvo koje čovjek može doživjeti jest osjećaj Blaženstva koje sadržava sve druge aspekte Božanstva – ljubav, mudrost, besmrtnost. Ali kako da vam riječima objasnim prirodu Boga? On je neopisiv, neizreciv. Samo dubokom meditacijom spoznat ćete Njegov jedinstveni temelj.

Mnogi ne vole o Gospodinu razmišljati kao o osobi; osjećaju kako Ga takvom antropomorfnom predodžbom ograničavaju. Oni Ga smatraju

Neutjelovljenim Duhom, Svemogućom, Inteligentnom Silom koja je odgovorna za cjelokupni svemir.

    Ali ako je naš Stvoritelj neutjelovljen, kako to da je On stvorio ljudska bića? Mi smo osobe; svi imamo osobnost. Razmišljamo, osjećamo, želimo; a Bog nam nije dao samo moć da cijenimo misli i osjećaje drugih, nego da odgovaramo na njih. Gospodin sigurno nije lišen duha uzajamnosti koji pokreće Njegova stvorenja. Kada mi to dopustimo, naš Nebeski Otac može i hoće uspostaviti osobni odnos sa svakim od nas.

OD VEČERAS GA MOŽEŠ VIDJETI AKO TAKO ODLUČIŠ

U svakom trenutku dokolice neka ti um zaroni u beskonačnu misao o Njemu. Započni s Njim prisan razgovor; On je najbliži od bliskih, najdraži od dragih. Ljubi Ga kao što škrtac ljubi novac, kao što zaljubljeni muškarac ljubi svoju dragu, kao što utopljenik ljubi dah. Kad budeš silno žudio za Bogom, On će doći.

Prošloga sam ljeta posjetio samostan gdje sam se susreo s jednim svećenikom. Bio je divna duša. Pitao sam ga otkad slijedi duhovni put redovnika. „Oko dvadeset pet godina", odgovorio je.

A onda sam ga pitao: „Viđaš li Krista?"

„Ja to ne zaslužujem", odgovorio je. „Možda će me posjetiti nakon smrti."

„Ne," umirio sam ga, „možeš ga vidjeti od večeras ako tako odlučiš." Oči su mu se ispunile suzama i zašutio je.

Moraš se snažno moliti. Budeš li svake večeri meditirao i prizivao Boga, mrak će nestati i ugledat ćeš Svjetlo iza fizičke svjetlosti, Život iza života, Oca iza svih očeva, Majku iza svih majki, Prijatelja iza svih prijatelja, Element iza svih elemenata, Moć iza svih moći.

PETI

DIO

MOLI S POKRETAČKOM SNAGOM VOLJE

PRAVA MOLITVA UKLJUČUJE SNAGU VOLJE

Lijeni ljudi misle da je krepost molitve dovoljna da ih Bog sasluša i ispuni im želje. Ali mora se pokazati i snaga volje, težnja da je uskladimo s božanskom voljom. Kada je tvoja volja stalno usmjerena na jedan konkretni cilj, ona postaje pokretačka. To je kvaliteta snage volje koju su imali Isus i svi drugi veliki sinovi Božji.

Mnogi ljudi kažu da ne smijemo svojom voljom mijenjati okolnosti, a još manje se upletati u Božje planove. Ali zašto bi nam Bog dao volju ako se njome ne smijemo koristiti? Jednom sam upoznao fanatičnog čovjeka koji je rekao da ne vjeruje u korištenje snage volje jer ona razvija ego. „Ti sada upotrebljavaš mnogo volje da bi mi se odupro!" odgovorio sam. „Koristiš se njome da bi govorio i moraš se koristiti voljom da bi ustao, hodao, jeo ili išao u kino, čak i da bi spavao. Ti želiš sve što radiš.

Bez snage volje bio bi mehanički čovjek." Neupotrebljavanje volje nije ono na što je Isus mislio kada je rekao: „Ali neka ne bude moja, nego tvoja volja." On je pokazao da čovjek mora naučiti svoju volju, kojom upravljaju želje, pokoriti Božjoj volji. Zato kada je ustrajna, ispravna molitva je volja.

STALAN DUHOVNI ŠAPAT RAZVIJA POKRETAČKU SNAGU KOJA ISPUNJAVA TVOJU VOLJU

Kada želiš vidjeti posebnu predstavu ili kupiti haljinu ili automobil koji ti se dopada, nije li točno da tvoj um, što god drugo radio, neprestano razmišlja o tome kako ćeš nabaviti željene stvari? Dok ne ispuniš svoje najveće želje, tvoj um neće mirovati, neprestano će nastojati ispuniti te želje...

Duhovni šapat razvija pokretačku snagu kako bi preoblikovao materiju u ono što ti želiš. Ne shvaćaš koliko je velika moć uma. Kad se tvoj um i volja usklade s Božanskom Voljom, ne moraš pomaknuti ni prst da bi stvorio promjene na Zemlji. Božanski zakon radi tebi u prilog. Sva velika postignuća u životu ostvarena su zahvaljujući snazi uma usklađenog s Božjom voljom. Kad je uključen božanski generator, što god poželim, mora se ostvariti.

Nastavi primjenjivati volju i pozitivnu tvrdnju sve

dok misli ne počnu raditi za tebe. Misao je matrica stvaranja; iz misli je sve stvoreno. Držiš li se te istine nepokolebljivom voljom, moći ćeš materijalizirati svaku misao. To ništa ne može pobiti. Takvom vrstom moćne misli Krist je ponovno izgradio Svoje raspeto tijelo; i na to je mislio kada je rekao: „Zato vam kažem: Što god moleći pitate, vjerujte da ste to već primili, i bit će vam."

U osami usredotočene misli leži skrivena tvornica svih ostvarenja. Zapamti to. U toj tvornici neprestano se tka tvoj uzorak postizanja uspjeha nasuprot teškoćama. Neprestano vježbaj svoju volju. Danju i noću imaš mnoge prilike raditi u toj tvornici ako ne tratiš vrijeme. Noću se povlačim od zahtjeva ovoga svijeta i ostajem sam, potpuno isključen od svijeta; sve to tada nestaje. Sam snagom svoje volje okrećem svoje misli u željenom smjeru sve dok ne odlučim što točno želim učiniti i kako ću to učiniti. Tada usmjerim volju prema ispravnom djelovanju i nastaje uspjeh. Tako sam mnogo puta uspješno upotrijebio snagu svoje volje.

KADA RIJEČI „NE MOGU" NESTANU IZ TVOJIH MISLI, NASTUPIT ĆE BOŽANSKA MOĆ

Moraš vjerovati da je moguće ono za što se moliš. Želiš li vlastiti dom, a um ti govori: „Glupane, ne možeš si priuštiti kuću", moraš ojačati volju. Kada riječi „ne mogu" nestanu iz tvojih misli, nastupit će božanska moć. Kuća neće pasti s neba: moraš neprestano ulijevati snagu volje konstruktivnim djelovanjem. Kad si uporan, odbijaš prihvatiti neuspjeh, predmet volje mora se materijalizirati. Kad neprestano upregneš tu volju u mislima i djelima, ono što želiš mora se ostvariti. Čak i ako ništa na svijetu nije u skladu s tvojom željom, kada tvoja volja ustraje, željeni rezultat nekako će se ostvariti. U takvoj volji leži Božji odgovor; jer volja dolazi od Boga, a trajna volja je božanska volja. Slaba volja je volja smrtnika. Čim je muke i neuspjeh prekinu, ona gubi svoju vezu s pokretačkom snagom Beskonačnoga. Ali iza ljudske volje postoji božanska volja koja ne može biti neuspješna. Čak ni smrt nema moć odvratiti božansku volju. Gospodin će sigurno odgovoriti na molitvu iza koje stoji trajna snaga volje.

„AKO KAŽETE OVOJ GORI: DIGNI SE ODATLE..."

Kada odlučiš činiti dobro, ti ćeš to ostvariti korištenjem snage volje. Bez obzira na okolnosti, nastaviš li pokušavati, Bog će stvoriti sredstva kojima će tvoja volja pronaći svoju nagradu. Na tu je istinu Isus mislio kada je rekao: „Ako imate vjeru i ne posumnjate, (...) ako reknete ovoj gori: Digni se odatle i baci se u more! – i to će se dogoditi."

Proučavaj živote svetaca. Ono što je lako nije put Gospodnji. Ono što je teško Njegov je put! Sveti Franjo više se mučio nego što možeš zamisliti, ali nije odustao. Snagom uma svladavao je zapreku po zapreku i sjedinio se s Gospodarem svemira. Zašto i ti ne bi imao tu odlučnost?

KAKO MOŽEMO RAZVITI VOLJU?

Svaki dan poduzmi nešto što ti je teško i pokušaj to učiniti. Makar pet puta ne uspiješ, nastavi i čim u tome uspiješ, usredotoči svoju volju na nešto drugo. Tako ćeš moći ostvarivati sve veće stvari. Volja je sredstvo Božje slike u tebi. U volji leži Njegova bezgranična moć, snaga koja kontrolira sve prirodne sile. Budući da si stvoren na sliku Božju, ta ti moć pripada da učiniš što god poželiš: možeš stvarati blagostanje; možeš promijeniti mržnju u ljubav. Moli se sve dok tijelo i um ne budu potpuno u tvojoj vlasti; onda ćeš primiti Božji odgovor.

BUDI OZBILJAN U ODNOSU S BOGOM

Većina ljudi samo izražava želju kad izriče žudnju za ozdravljenjem i vjeru da će ih Bog izliječiti. Oni se zapravo mole bez vjere u srcu ili s osjećajem uzaludnosti misleći da Bog neće uslišiti njihove molitve; ili se mole i ne čekaju da bi otkrili jesu li njihove molitve doprle do Boga.

Kratak razgovor s Njim nakon kojega slijedi zaborav neće donijeti Njegov odgovor. Boga je „teško dobiti" jer „ne misle svi ozbiljno" s Njim. Tehnika molitve obično je neuspješna jer većina molitvi nije dovoljno duboka ili dovoljno pobožna.

PLAČI DOK NE DOĐE BOŽANSKA MAJKA

Molitva u kojoj tvoja duša izgara od želje za Bogom jedina je uspješna molitva. Sigurno si u nekom trenutku tako molio, u to nema sumnje; možda kada si nešto jako trebao ili ti je hitno bio potreban novac – a onda si svojom željom užario zrak. Takve snage treba biti i tvoj osjećaj prema Bogu.

Kad znaš da je nešto ispravno, zašto tomu ne bi težio? Zašto ne bi plakao za Gospodinom sve dok se nebo ne zatrese od tvoje molitve?... Zapamti, majčinu pozornost dobiva zahtjevno dijete. Dijete koje se lako umiri igračkom nije toliko zahtjevno Ali zahtjevno dijete želi samo majku i nastavlja plakati sve dok ona ne dođe.

DOZIVAJ BOŽANSKU MAJKU IZ DNA DUŠE

„Zazovi Majku iz dubine duše i Ona se više neće skrivati." Zatvori oči, misli na Boga i zazovi Božansku Majku iz dubine duše. To možeš u svakom trenutku i bilo gdje. Bez obzira na to što u tom trenutku radiš, možeš u mislima razgovarati s Bogom: „Gospodine, ja Te tražim. Ne želim ništa osim Tebe. Žudim za time da uvijek budem s Tobom. Stvorio si me na Svoju sliku i moj je dom uz Tebe. Nemaš me pravo držati podalje od Sebe. Možda sam griješio zaveden varkama Tvoje kozmičke igre, ali kako si Ti moja Majka, moj Otac, moj Prijatelj, znam da ćeš mi oprostiti i uzeti me natrag pod Svoje okrilje. Želim se vratiti svom Domu. Želim doći k Tebi."

Svake večeri, kada sjedneš meditirati, moli se Bogu bez prestanka. Rasparaj šutnju svojom žudnjom. Plači za Bogom kako bi plakao za majkom ili ocem: „Gdje si? Ti si me stvorio; dao si mi pamet da Te tražim. Ti si u cvijeću, u Mjesecu, u zvijezdama; moraš li ostati skriven? Dođi. Moraš! Moraš!" Potpuno usredotočen, sa svom ljubavlju svojega srca, raskini veo šutnje. Kao što neprekidno bućkanje izvlači skriveni maslac iz mlijeka, promućkaj eter kutlačom svoje pobožnosti i izvući ćeš Boga.

TRAŽI SVIM SRCEM, NEPRESTANO IZNOVA

Ne miruj dok On ne odgovori. Traži svim svojim srcem, neprestano iznova: „Otkrij se! Otkrij se! Zvijezde mogu ugasnuti, Zemlja se raspasti, a moja će duša jecati: Razotkrij se!" Inercija Njegove šutnje bit će razbijena upornim, neprestanim bubnjanjem tvojih molitvi. Na kraju će, poput nevidljiva potresa, zidovi tišine koji sputavaju tvoju svijest zadrhtati i rasuti se, a On će se odjednom prikazati i ti ćeš osjetiti da tečeš poput rijeke prema Moćnom Oceanu i reći ćeš Mu: „Ja sam sada jedno s Tobom; što god Ti imaš, imam i ja."

ŠESTI

DIO

ZATRAŽI SVOJE UNUTARNJE SVETIŠTE

U TIŠINI DUŠE

Bog na tvoje molitve ne odgovara kada nisi iskren. Ponudiš li Mu puko oponašanje molitve, ne možeš očekivati da ćeš privući pozornost Nebeskoga Oca. Svojim molitvama do Boga možeš doprijeti jedino upornošću, redovitošću i dubinom svoje iskrenosti. Očisti misli od svega negativnoga poput straha, brige, bijesa, a onda ih ispuni ljubavlju, službom za Njega i radosnim iščekivanjem. U svetištu tvojega srca mora postojati jedna sila, jedna radost, jedan mir – Bog.

Bog nam u Svojoj beskonačnoj milosti u različitim iskustvima u našem životu pruža Svoju radost, Svoju nadahnutost, istinski život, istinsku mudrost, istinsku sreću i istinsko razumijevanje. Ali slava Boga otkriva se tek u tišini duše...

Što se više usredotočuješ na izvanjsko, to ćeš manje spoznati unutarnju slavu vječne radosti Duha. Što se više usredotočuješ na unutarnje, imat ćeš manje teškoća.

Jedna je misao dovoljna za iskupljenje. Ti ne shvaćaš koliko su djelotvorne tvoje misli u eteru.

―∞―

Svaka naša misao stvara posebnu suptilnu vibraciju... Kada u mislima dotakneš riječ *Bog* i nastaviš ponavljati tu unutarnju misao, njezina vibracija priziva Božju prisutnost.

―∞―

Prožmi sve mišlju o Bogu. Shvati da je sve što postoji prožeto Bogom.

―∞―

On je nepotkupljiv, ali Ga je lako dirnuti iskrenošću, upornošću, usredotočenošću, pobožnošću, odlučnošću i vjerom.

UKLONI IZ MISLI SVAKU SUMNJU DA ĆE BOG ODGOVORITI

Moraš ukloniti iz misli svaku sumnju da će Bog odgovoriti. Većina ljudi ne dobiva odgovor zato što ne vjeruje. Ako si čvrsto odlučio da ćeš nešto postići, ništa te ne može zaustaviti. Osudu protiv sebe pišeš kad odustaješ. Uspješan čovjek ne zna za riječ „nemoguće".

MOLI STRPLJIVO I S VJEROM

Pretpostavimo da ti je kuća pod hipotekom i da je ne možeš otplaćivati. Ili da želiš određeni posao. U tišini nakon duboke meditacije usredotoči se s nepokolebljivom voljom na misao o onome što ti je potrebno. Ne traži rezultat. Posiješ li sjeme u tlo, a onda ga svaki čast vadiš da vidiš raste li, ono nikad neće proklijati. Isto tako, budeš li pri svakoj molitvi tražio znak da ti Gospodin uslišava želju, ništa se neće dogoditi. Nikad ne iskušavaj Boga. Samo bez prestanka moli. Tvoja je dužnost upozoriti Boga na svoju potrebu i učiniti ono što moraš da bi Bogu pomogao da ostvari tu želju. Primjerice, kad su posrijedi kronične bolesti, učini sve da pridoneseš ozdravljenju, ali duboko u sebi znaj da na kraju pomaže samo Bog. Ponesi tu misao sa sobom u meditaciju svake večeri i moli sa svom svojom odlučnošću: odjednom ćeš jednoga dana otkriti da je bolest nestala.

Kada posiješ sjeme želje u tlo vjere, ne prekopavaj

zemlju kako bi ga pogledao jer nikad neće proklijati i ostvariti se. Posij sjeme svoje želje u vjeri i zalijevaj ga svakodnevno ispravno se moleći. Ne obeshrabruj se ako rezultat ne bude trenutačan. Ostani čvrst u svojim zahtjevima i dobit ćeš svoje izgubljeno božansko naslijeđe; a onda, i tek onda, Veliko Zadovoljstvo posjetit će tvoje srce. Zahtijevaj sve dok ne dobiješ svoja božanska prava. Neprestano zahtijevaj ono što ti pripada i dobit ćeš.

Čak i pravi poklonici katkada misle da Bog ne odgovara na njihove molitve. On odgovara šutnjom, Svojim zakonima; ali dok nije potpuno siguran u poklonika, On neće izravno odgovoriti, neće se obratiti pokloniku. Gospodar cijelog svemira toliko je ponizan da ne govori, a kamoli da bi utjecao na poklonikovu slobodnu volju da Ga prihvati ili odbaci. Kada Ga spoznaš, nema sumnje da ćeš Ga voljeti. Tko bi odolio Neodoljivom? Ali ti moraš dokazati svoju bezuvjetnu ljubav prema Bogu da bi Ga upoznao. Moraš imati vjeru. Moraš *znati* da te On sluša čak i dok moliš. Onda će ti se objaviti.

U ŠPILJI UNUTARNJE TIŠINE PRONAĆI ĆEŠ IZVOR MUDROSTI

Onaj tko je psihički snažan i ustrajan pronaći će Boga u hramu svojega srca. Bez obzira na zapreke možeš učiniti ovo: u tajnom svetištu svojega srca možeš potražiti Boga i možeš Ga voljeti svim svojim srcem. Kad god imaš malo vremena između svojih životnih zadaća, povuci se u špilju unutarnje tišine. Usred gomile nećeš naći tišinu. Pronađi vremena da budeš sam i u špilji unutarnje tišine pronaći ćeš izvor mudrosti.

PRONAĐI UTOČIŠTE U UNUTARNJEM HRAMU TIŠINE

Povuci se u mir i tišinu svake večeri najmanje pola sata, po mogućnosti i mnogo dulje, prije nego što odeš na spavanje i onda opet ujutro prije nego što započneš svakodnevne aktivnosti. To će stvoriti neometanu, nepovredivu unutarnju naviku sreće koja će ti omogućiti da se suočiš sa svim teškim situacijama u svakodnevnoj životnoj borbi. Uz nepromjenjivu sreću u sebi pokušaj ispuniti zahtjeve svojih svakodnevnih potreba.

Gdje god tvoje misli bile, ondje ćeš provesti svoje vrijeme.

Dok te progone zvijeri briga, bolesti i smrti, tvoje je jedino utočište unutarnji hram tišine. Duboko duhovan čovjek živi danju i noću u miru unutarnje tišine koji nijedna prijeteća briga, čak ni sukob svjetova, ne može poremetiti...

Nijedan ljudski jezik ne može opisati kolika radost u tišini čeka da bude otkrivena iza dveri tvojega uma. Ali ti se moraš uvjeriti; moraš meditirati i stvoriti to okružje. Oni koji duboko meditiraju osjećaju predivnu unutarnju tišinu. Ta unutarnja smirenost mora se održati čak i u društvu drugih ljudi. Ono što naučiš meditirajući provodi u djelo u onome što radiš i u razgovoru: ne dopusti nikomu da te izbaci iz toga mirnoga stanja. Zadrži svoj mir... Primi Boga u svojem unutarnjem hramu tišine probuđenom intuicijom.

―⁓―

Bog je u srcu i duši svakoga bića. A kada otvoriš tajni hram u svojem srcu, onda sveznajućom intuicijom duše pročitaj knjigu života. Tada, i tek tada, susresti ćeš se sa živim Bogom. I osjetit ćeš Ga kao temelj svojega bića. Bez toga osjećaja u srcu nema odgovora na tvoje molitve. Možeš privući ono što ti tvoje pozitivno djelovanje i dobra karma dopuste da imaš, ali da bi primio svjestan odgovor od Boga, najprije moraš postići božanski sklad s Njim.

URONI U BOŽJI MIR

U mislima prizivaj Boga svim žarom i iskrenošću srca. Svjesno Ga prizivaj u hram tišine; i u dubokoj meditaciji pronađi Ga u hramu ekstaze i blagoslova. Svjesno pjevaj kako je Bog tu. Svojim mislima i osjećajima pošalji mu svoju ljubav svim svojim srcem, mišlju, dušom i snagom. Intuicijom duše osjeti Boga koji se probija kroz oblake tvojega nemira kao prikazanje velikog mira i radosti. Mir i radost Božji su glasovi koji su dugo drijemali ispod tvojega neznanja, zanemareni i zaboravljeni u buci ljudskih strasti.

Kraljevstvo Božje nalazi se iza tame zatvorenih očiju, a prva vrata kroz koja se tamo stiže je tvoj mir. Izdahni i opusti se i osjeti kako se taj mir širi posvuda, u tebi i izvan tebe. Uroni u taj mir.

Duboko udahni. Izdahni. Sada zaboravi dah. Ponavljaj za mnom:

„Oče, utišani su zvuci svijeta i nebesa. Ja sam hram tišine. Tvoje vječno kraljevstvo mira širi se malo-pomalo pred mojim očima. Neka ovo beskonačno kraljevstvo, dugo skriveno iza mraka, ostane vidljivo u meni. Mir ispunja moje tijelo; mir ispunja moje srce i prebiva u mojoj ljubavi; mir iznutra, izvana, posvuda. Bog je mir. Ja sam Njegovo dijete. Ja sam mir. Bog i ja smo jedno."

U BOGU JE TVOJ PRAVI DOM

Kada smo usklađeni s Bogom, čut ćemo Njegov glas: „Volio sam te vjekovima, volim te sada i voljet ću te dok ne dođeš Kući. Znao ti to ili ne, uvijek ću te voljeti."

On nam se obraća u tišini govoreći nam da se vratimo Kući.

Na kraju moraš doprijeti do Boga. Glupo je pitati: „Hoću li moći ući u kraljevstvo nebesko?" Nema drugoga mjesta jer je to tvoj pravi dom. Ne moraš ga zavrijediti. Ti već jesi Božje dijete, stvoreno na Njegovu sliku. Samo moraš skinuti masku ljudskoga bića i ostvariti svoje božansko naslijeđe.

U HRAMU TIŠINE ON ĆE VAM DAROVATI SEBE

Svi ste vi bogovi, kad biste to samo znali. Iza vala vaše svijesti prostire se more Božje prisutnosti. Morate pogledati unutra. Ne usmjerujte se na mali val tijela i njegove slabosti; gledajte dublje. Zatvorite oči i vidjet ćete golemu sveprisutnost pred sobom kamo god pogledate. Vi ste u središtu te sfere ispunjene velikom radošću i blagoslovom koja obasjava zvijezde i daje snagu vjetrovima i olujama. Bog je izvor svih naših radosti i svega što postoji u prirodi...

Prenite se iz polumraka neznanja. Zatvorili ste oči u snu privida. Probudite se! Otvorite oči i ugledat ćete slavu Boga – nepregledan vidik Božje svjetlosti koja se širi nad svime. Govorim vam da budete božanski realisti i otkrit ćete odgovore na sva pitanja u Bogu...

Morate tražiti ono što vam rođenjem pripada. Vaše stalne molitve, bezgranična odlučnost, neprekidna želja za Bogom prisilit će Ga da prekine zavjet šutnje i On će vam se obratiti. A iznad svega, u hramu tišine darovat će vam Sebe.

MOLITVA KOJA MORA BITI ISPRED SVIH U SVAKOM SRCU

Bog je stvaran i može se pronaći u ovom životu.

U čovjekovu srcu mnogo je molitvi – za novac, slavu, zdravlje – molitvi za sve vrste stvari. Ali molitva koja mora biti ispred svih u svakom srcu jest molitva za Božju prisutnost. Tiho i sigurno, dok koračaš putem života, moraš shvatiti da je Bog jedini cilj koji će te zadovoljiti: jer u Bogu se skriva odgovor na svaku želju srca...

Tvoja je duša Božji hram. Mrak smrtnoga neznanja i ograničenosti mora se protjerati iz toga hrama. Prekrasno je biti svjestan duše – učvršćen, snažan!

Ničeg se ne boj. Ne mrzi nikoga, pruži ljubav svakomu, osjeti ljubav Božju, vidi Njega u svima i želi samo jedno – Njegovu stalnu prisutnost u hramu svoje svijesti – tako se živi na ovome svijetu.

O AUTORU

Paramahansa Yogananda (1893. — 1952.) smatra se jednim od najuglednijih duhovnih vođa našega doba. Rođen na sjeveru Indije, u Sjedinjene Države stigao je 1920. i ondje je više od trideset godina podučavao drevnu indijsku znanost meditacije i umijeće uravnoteženoga duhovnog života. Svojom hvalevrijednom životnom pričom *Autobiografija jednog jogija* i brojnim drugim knjigama Paramahansa Yogananda uveo je milijune čitatelja u vječnu mudrost Istoka. Danas njegov duhovni i humanitarni rad nastavlja Self-Realization Fellowship, međunarodna udruga koju je utemeljio 1920. kako bi svijetom širio svoje učenje. Sadašnji predsjednik i duhovni čelnik Self-Realization Fellowshipa je brat Chidananda.

IZDANJA SELF-REALIZATION FELLOWSHIPA

Dostupna preko Internetskih stranica www.srfbooks.org ili ostalih Internetskih knjižara

KNJIGE NA HRVATSKOM PARAMAHANSE YOGANANDE

Autobiografija jednog jogija

Afirmacije za znanstveno izlječenje

Metafizičke meditacije

Zakon uspjeha

Kako razgovarati s Bogom

KNJIGE NA ENGLESKOM PARAMAHANSE YOGANANDE

Autobiography of a Yogi

God Talks with Arjuna; The Bhagavad Gita
Novi prijevod i komentar.

The Second Coming of Christ:
The Resurrection of the Christ Within You
Nadahnuti duhovni komentar izvornoga Isusova učenja.

The Yoga of the Bhagavad Gita:
An Introduction to India's Universal Science of God-Realization

The Yoga of Jesus:
Understanding the Hidden Teachings of the Gospels
Predavanja i neslužbeni govori

Prvi svezak:
Man's Eternal Quest

Drugi svezak:
The Divine Romance

Treći svezak:
Journey to Self-realization

Wine of the Mystic:
The Rubaiyat of Omar Khayyam — A Spiritual Interpretation

Songs of the Soul

Whispers from Eternity

Scientific Healing Affirmations

In the Sanctuary of the Soul:
A Guide to Effective Prayer

The Science of Religion

Metaphysical Meditations

Where There Is Light:
Insight and Inspiration for Meeting Life's Challenges

Sayings of Paramahansa Yogananda

Inner Peace:
How to Be Calmly Active and Actively Calm

Living Fearlessly:
Bringing Out Your Inner Soul Strength

The Law of Success

How You Can Talk With God

Why God Permits Evil and How to Rise Above It

To Be Victorious in Life

Cosmic Chants

ZVUČNI ZAPISI PARAMAHANSE YOGANANDE

Beholding the One in All

The Great Light of God

Songs of My Heart

To Make Heaven on Earth

Removing All Sorrow and Suffering

Follow the Path of Christ, Krishna, and the Masters

Awake in the Cosmic Dream

Be a Smile Millionaire

One Life Versus Reincarnation

In the Glory of the Spirit

Self-Realization: The Inner and the Outer Path

OSTALA IZDANJA SELF-REALIZATION FELLOWSHIPA

The Holy Science
Swami Sri Yukteswar

Only Love:
Living the Spiritual Life in a Changing World
Sri Daya Mata

Finding the Joy Within You:
Personal Counsel for God-Centered Living
Sri Daya Mata

God Alone:
The Life and Letters of a Saint
Sri Gyanamata

"Mejda":
The Family and the Early Life of Paramahansa Yogananda
Sananda Lal Ghosh

Self-Realization
(časopis koji izlazi četiri puta godišnje; pokrenuo ga je Paramahansa Yogananda 1925. godine).

DVD

AWAKE: The Life of Yogananda
Dokumentarni film u produkciji CounterPoint Films

Iscrpni katalog knjiga i audio/video zapisa – uključujući rijetke arhivske snimke Paramahanse Yogananda- dostupne su na Internetskim stranicama www.srfbooks.org.

LEKCIJE SELF-REALIZATION FELLOWSHIPA

Lekcije Self-Realization Fellowshipa sadrže učenje Paramahanse Yoganande o znanstvenim tehnikama meditacije, uključujući *Kriya jogu* kao i njegove savjete i vodstvo u vezi svih pitanja koja se tiču uravnotežena duhovnog života. Za dodatne informacije posjetite internetsku stranicu www.srflessons.org. Tamo je moguće zatražiti sljedeće besplatne dokumente u vezi *Lekcija*:

- *An Overview of the Self-Realization Fellowship Lessons: Information About Paramahansa Yogananda's Home-Study Series"*
- *"Highest Achievements Through Self-Realization"*, tekst Paramahanse Yogananda koji donosi opsežno uvodno objašnjenje učenja koja sadrže *Lekcije Self Realization Fellowshipa*.

Self-Realization Fellowship
3880 San Rafael Avenue • Los Angeles, CA 90065-3219
Phone +1(323) 225-2471 • Fax +1(323) 225-5088
www.yogananda.org